Hopeareunaiset pilvet

Jorma Luoma

Hopeareunaiset pilvet

Kustantaja: Books on Demand, Helsinki, Suomi
Valmistaja: Books on Demand, Nordstedt, Saksa
ISBN: 978-952-801-998-5

Sisällysluettelo

Lukijalle

Lukijalle

Meille kaikille tulee aika, kun emme enää vie, vaan elämä ottaa
ohjat käsiinsä ja luotsaa meidät viimeiselle rannalle
toiveitamme kuuntelematta. Se tulee monilla olemaan varjojen
aikaa erilaisten kipujen ja vaivojen kera. Olen runoissani
yrittänyt päästä lähelle niitä hetkiä, osittain omien tuntojeni ja
muiden kokemusten kautta.
Kirjan loppupuolella ihmettelen muuten vain ympäröivää
maailmaa, jossa elämme.

Hopeareunaiset pilvet

Hopeareunaiset pilvet liukuvat ohi
täydenkuun
hiipien hiljaa yöhön,
tullakseen uudelleen näyttämölle.
Kirpeä pakkanen saa hangen kimaltelemaan
tuhansien tulikärpästen tanssin
tähtien tuikkeen alla.
On aaveiden aika,
purossa vesi loiskahtaa,
luonto pysähtyy,
yölintu päästää matalan äänen,
henget herkistyvät.
Ihminen tuntee väristyksiä sisimmässään,
jotakin on liikkeellä,
josta ei saa otetta,
jotakin suurta.
Luonto luo hetkiä herkistyä tuntemaan
kaikkeuden kosketuksen.

Muistot

Muistot vellovat aivonesteessä
sekoittuen tähän aikaan
ja tulevaan.
Se on kuin kaleidoskooppi,
vaihtuvaa sekamelskaa,
yön sadetta,
päivän kimallusta,
meren kuohuihin sekoittuvaa
katuporan ääntä,
lokkien kirkunaa,
Kaikki tämä ajan vääristämää
harhaa,
mieleni myrkyttämää petosta,
virheideni kaunistelua,
johon lopulta itsekin uskon.
Uskon olleeni parempi kuin muut,
melkein Jumala,
vain näin kestän päivästä päivään,
vuodesta vuoteen,
kävellen pystypäin
auringonlaskuun.

Vasta eilen

Katselen peilistä vanhenemistani,
  kaikki tapahtui niin nopeasti,
          vasta eilen,
olin siloposki nuorukainen,
          vasta eilen
          avasin silmäni
  ihmettelemään maailman kauneutta.
Nyt valkoinen parta tunkee läpi
          rosoisen ihoni,
  vartalooni on piirretty
          elämäni kolhut.
Milloin kaikki tapahtui?
Se oli silloin,
          kun päivästä päivään
  kiiruhdin kohti vanhuutta,
          kohti unohdusta,
  jolloin suljen silmäni
          viimeiseen uneen.

Vuoteen vanki

Vuoteen vankina vaeltelen
lapsuuteni vainioilla,
vaikka mikään ei liiku,
niin muistot liikkuvat
ajatuksen nopeudella,
tunnustellen kypsiä tähkiä,
nuuhkin vastakynnettyä peltoa,
yritän muistaa tärkeimmän
ja unohtaa turhuuden markkinat.
Markkinat jotka kaluavat kaiken,
jopa maan jalkojemme alta,
he luulevat että maa kestää kaiken,
mutta ei se kestä,
se iskee takaisin.
Kulkekaa ihmisen perässä,
koskemattomilla alueilla,
nähkää miten kaunis luonto taipuu
betonin alle,
miten luonnon rikkaus muuttuu
köyhyydeksi,
kaatopaikoiksi, muovilautoiksi,
avohakkuiksi, saastuneiksi vesiksi
ja ilmaksi.
Jo vuosikymmeniä sitten sain sanoa,
tämä oli tässä,
eikä siihen voi palata,
voimme vain sinnitellä

Tähtipölyä

Ruumiini tähtipölyä,
  henkeni energiaa,
  pimeästä aineesta syntynyt
  kaikkeuden keskipisteeseen
            eli minuun,
  kaikki muu olevainen
  on minusta sivussa.
Kaikkeuden keskipisteenä liihottelen
            planeetta maan pinnalla,
  tajuamatta olevani osa kokonaisuutta,
            kuten muutkin,
  haen huomista vain itselleni,
  vaikka yksin en ole mitään,
            ilman toisia
            olen tähtipölyä,
  jota ei oikeasti olisi olemassa.
Vasta muiden olioiden kautta
  muutumme näkyväksi,
            olevaksi
  ja saamme tarkoituksen olemiselle,
  sillä parempi on olla yhdessä yksin,
            kuin yksin yksin,
  jolloin muuttuisimme näkymättömäksi.

Sisu

Sisu on äärimmilleen vietyä
        peräänantamattomuutta,
kun ei enää jaksa,
niin pakottautuu jatkamaan
yli kaikkien pidäkkeiden,
        unohtaen itsensä,
        elämä vie.
Elämä vie,
    kun olet kaikkesi antanut,
        niin elämä antaa
        uutta energiaa,
olet saavuttanut flow tilan,
tilan itsesi ulkopuolella.
Tiedät olevasi hetkessä,
    ruumis loppuun ajettuna,
        liidät hurmiossa,
        tuntematta kipua,
    olet tullut sinne,
    missä uupuneet ravitaan,
    kun henki ei antanut periksi.
Vasta perille tultuasi,
    ruumiisi kertoo sinulle
        mitä tuli tehtyä.

Valkoiset sormet

Valkoiset sormet, valkoiset varpaat,
  kylmä hiipii luihin, munaskuihin.
Miksi kukaan ei sulje ikkunaa?
Aivosolut ovat hyytyneet,
  ajatukset laulavat Säkkijärven polkkaa.
Käskivät syödä
  ja työnsivät lusikan kouraan,
  mutta eihän se näissä jääpalikoissa pysy,
            joita sormiksi kutsutaan.
Luulivat ettei ruoka maistu,
  mutta kun ei pysty syömään,
  eikä edes lyömään ymmärtämättömiä.
Onneksi kylmyys vei kivun, tunnon,
  olo on kuin kuoleman esikartanoissa,
  vailla helvetin tulta ja tulikiveä.
Vaikea on kuvitella lämpöä,
  kun ruumis hiljaa kylmenee,
  näky kuumalta rannalta ei muutu
            todellisuudeksi,
  se on vain kuva jostakin,
            joka on joskus ollut.

Maata

Maata hiljaa selällään,
  katse suunnattuna kattoon,
  puhumatta sanaakaan,
      mikään ei liiku,
  kevyt rintakehän kohoaminen,
      käsi kädessä,
  etäinen puhe vieressä
      erotan sanat,
  minä rakastan sinua,
  mene rauhassa rakkaani.
Valkoiset seinät kaartuvat tunneliksi,
  pehmeä valo kirkastuu,
      ei häikäise,
  kohoan itsestäni itseeni,
      oikeaan minään,
  hopealangan päässä liikkumaton ruumiini,
      lanka katkeaa,
  olen vapaa aineesta,
      se on täytetty.

Ikä

Ikä painaa enemmän,
  kuin tavarajuna kiskoilla.
Magneetit jalassa
        yritän raahustaa
        rautalattialla,
  maa imee kuin teini
        ensisuudelmassa,
  imee kohti hornaa.
Rimpuilen kuin kärpänen
        kärpäspaperissa,
  aina jostain kiinni,
  vain katse harhailee taivaalla,
        ajatukset avaruudessa.
Tekisi mieli luovuttaa,
        mieli ei salli,
  tahtoo nähdä vielä huomiseen,
  ja sitä seuraavan päivän
  ja sitä seuraavan päivän.

Minun on noustava

Minun on noustava
  itseni yläpuolelle,
  juostava itseni ohi,
  tullakseni olevaksi muille.
Kiivettävä usvasta vuorelle,
  avattava sylini maailmalle,
  nähtävä kaikkeuden syvin olemus,
          oltava valmis,
  kun lähtölaukaus kajahtaa.
On niin helppo unohtua yöhön,
  omien kuvitelmien viidakkoon,
              yksinäisyyteen,
  olemattomuuteen olevaisuudessa.
Jättääkseni jäljen voin kirjoittaa
              vaikka runon,
  nykyisille ja tuleville
              kertoakseni,
  että olin täällä.

Leikkimökki

Leikkimökki on täynnä ruukkuja,
  ruukkujen alla muistoja ajasta,
  ajasta kun aurinko paistoi
  ja nuket istuivat pöydässä.
Ullakolle unohtunut nukkekoti
  kerää pölyä päälleen,
          ullakon tuoksua,
  odottaen uutta aamua.
Talvinen aamu nousee vihreänä,
          elämän värisenä
  kuolleen maiseman ylle.
Alkaa uusi sarastus,
          aikakausi,
  joka valaisee pimeyttä,
          valheellisuutta,
  pimeyttä joka peittää valon,
  joka on meillä piilossa
          toistaiseksi.

He eivät ymmärtäneet vanhenevansa

He eivät ymmärtäneet vanhenevansa
kuolemattomat,
vaikka askel alkoi viipyillä,
muisti harhaili nuoruudessa,
katse etsi sitä jotain,
jota ei ole enää olemassa.
Oli vain meluavia ihmisiä ympärillä,
käsittämätöntä puhetta visioista,
tavoittamattomista unelmista.
Mitä tämä on?
Pakko ponnistella mukana,
vaikka perälauta on pudonnut
ja roikumme rattaiden laidoista
tietämättä mihin menemme.
Lähestymme etääntyvää horisonttia,
näkemättä mihin tulemme,
kunnes huomaamme olevamme siellä
kuin taikaiskusta.

Unohdetut unohtavat

Unohdetut unohtavat olevansa olevaisia,
he uivat sameissa vesissä
elonkehän ulkolaidalla,
　　　　unimaailmassa,
palaten lapsuutensa maisemiin,
huutaen äitiä apuun
　　　　kipujen kiusaamina.
Äiti ei tule,
vaan enkeli valkoisessa takissaan,
työntäen lusikkaa suuhun,
　　　　vaihtaen vaippaa.
Miksi enkeli on vihainen?
Miksi kukaan ei käy,
　　　　vain enkeli,
onko ketään koskaan ollutkaan,
　　　　vai näinkö unta,
elämän pituista unta johon vajoan
　　　　tästä maailmasta?

Uni ei tule

Uni ei tule,
  se menee ohi
  onnellisten unimaailmaan.
Jotkut huutavat öisin,
  aamulla siirryn rajatilaan,
  koskaan en voi olla varma,
        onko yö vai päivä.
Täällä ei ole vuodenaikoja,
  aina sama lämpö,
      en tunne tuulta,
  se puhaltaa ikkunan takana.
Joskus näen linnun livertävän äänettömästi,
  tämä keinotekoinen ilma kuristaa minut.
Kerran täällä kävi joulupukki
  ja puhui minun lapsuudestani,
      pukki tietää,
  se oli hyvä hetki,
  milloin viimeksi en muista.

Särkyneet muistot

Särkyneet muistot palasina aivoissani,
piti toistaa uudelleen,
jatkoa ei tullut,
se oli kuin näkymätön seinä,
se esti kaiken.
Kysymykset sinkoilivat mielessä
saamatta vastausta,
joku kävi
ja kertoi olleensa työtoverini,
minkä työn?
Tänään kävelin tiheässä metsässä,
oksat raapivat kasvojani,
joku tarjosi pilleriä,
oli vaikea niellä.
Hän sanoi olevansa minun poikani,
ihmettelin sitä,
oliko minulla sen niminen poika,
taas ne varjot liikkuvat ympärillä.

Välillä tulee kirkkaita hetkiä

Välillä tulee kirkkaita hetkiä,
        hävettää,
haluaisin kuolla, haluamatta.
Miksi en tunne mitään?
Kaikki valuu yli laidan,
        sotken itseni
ja toisten elämän.
Ei se mitään, sanotaan huokaillen
        uupuneella äänellä,
ei kannattaisi enää syöttää,
        eikä juottaa.
Joidenkin meistä on lähdettävä
        vaikeimman kautta,
pää on valmis luovuttamaan,
mutta sydän jaksaa jatkaa.
Sen lyöntejä voi kuunnella
        yön hiljaisuudessa,
muuta enää kuulematta.

Ne rajaojatkin piti kaivaa

Ne rajaojatkin piti kaivaa,
  huomenna minä sen teen.
Missä se lapio on,
  miksi kukaan ei vastaa,
  mikä on tämä talo,
  täällä on vaikea hengittää?
Joku huutaa,
  miksi tänne päästetään maankiertäjiä,
  eivätkö ne saa ovea hakaan?
Menisin itse laittamaan,
  mutta kun en pääse tästä ylös,
  saisipa kunnon ruokaa,
  läskisoosia ja perunoita.
Kukahan sitä hevosta hoitaa?
Tässä ei nyt ole kaikki oikein,
  äiti ja isäkin kävivät,
  ei kai minulla mitään vakavaa ole,
  koska ne olivat niin iloisia.

Puhtaalla valkealla lakanalla

Puhtaalla valkealla lakanalla
                      käteni,
siitepölyn kaltainen,
kuiva ja keltainen.
Siniset suonet kohoavat ylös
                      kadotakseen,
ruskeat luomet suomättäinä,
tummien karvojen pelto.
Vielä nousevat huulille,
                      tervehdykseen,
hapuilevat menneisyyteen,
kurottavat sinne joka oli.
Aivojen kätköistä tulevat kuvat
                      kertomaan
käsieni töistä, nuoruudesta,
sadonkorjuusta elokuisella pellolla,
lakkojen poiminnasta suolla,
                      arkisista askareista.

Nukun unohduksen yöhön

Nukun unohduksen yöhön
         muistamatta,
   olenko elossa vai kuollut.
Tauluni on pyyhitty tyhjäksi,
   jossain liikkuu varjoja,
       en saa otetta,
   ne puhuvat uutta kieltä.
Kieltä jota vain he ymmärtävät.
Minä olen pieni eläin
         hoidettavana,
   ulkopuolella kaikesta.
Aika on pysähtynyt,
   minä ajelehdin ajattomuudessa,
   tämä ei lopu koskaan.
Olen kadottanut yön ja päivän,
   tunnen etäistä kipua ymmärtämättä
       sen lähdettä,
   se vain laskeutuu päälleni.

Katosin näkemättä

Katosin näkemättä mitään,
  kuuntelin kuulematta,
  ihoni rypistyessä karrelle.
Ajatukseni kiersivät kehää,
  kuin vahtikoira aitauksessa,
  jonka pysäytti ulkoinen tekijä
            sanoen,
  täällä tulee pilleri, ruokaa
  tai mennään pesulle.
Aivot valpastuivat,
  mihin nyt koskee,
            kaikkialle.
Yritin palata muistojen kiertoradalle
            unohtaakseni
  tämän hetken totuuden,
  ollakseni vielä jotain,
            jossain,
  edes unelmissani.

Lohduttomana

Olen särkynyt peili,
  minun on pysyttävä kasassa,
  nähdäkseni itseni kokonaisena,
              ehjänä,
  mutta en voi tulla ehjäksi,
  koska minua on koeteltu liikaa,
  minussa on halkeamia
  ja minä kaipaan,
              kaipaan,
  jotakin joka meni jo.
Haluan tuntea rakkautta,
              vihaa,
  tuntea, tuntea.
Olen muuttunut kiveksi,
              kuollut elämälle,
  mutta kuollut sieluni vaeltaa
  elävässä ruumiissa
              lohduttomana.

Rotkovaellus

Näen vanhat uupuneet kasvoni,
  yritän nähdä kokonaisuuden,
  silmissäni vilisevät vuosikymmenet,
  tehdyt ja tekemättömät työt,
  enkä tiedä mitä sanoisin,
  itkisin vai nauraisin.
Elämä voi olla julmaa,
  juuri kun leijailet pilvissä,
  sinut ammutaan alas
  ja pannaan ryömimään,
        syömään savea,
        sanoja.
Ja juuri kun pääset jaloillesi,
  sinut työnnetään rotkoon.
Rotkovaelluksen jälkeen katsot peiliin,
  näet ajan kuluttamat kasvot
        ja katoat
  vaivoinesi ja arpinesi.

Kas

Kas, tuolla he tulevat
  ja juovat tulevaisuutta,
           tajuamatta olevansa
  menneisyyden luojia.
Onneksi aika on armelias
        ja ilo pitkä,
  ennen havahtumista todellisuuteen.
Siksi minua on niin vaikea ymmärtää,
  koska minun ei pitäisi olla täällä,
  koska elän menneisyyttä,
        olen historiaa
  ihmiskunnan lihassa,
  kiusallinen muistutus tulevasta.
Sallikaa minulle nämä viimeiset hetket,
  ilo, suru, kipu ja hurma,
  surma joka koituu turmiokseni.
Vielä on viiniä leilissä,
  vielä nousee jalka hidastetusti
        viimeiselle askelmalle
  palon sammuttua.

Katse taaksepäin

Katse taaksepäin
  yli routaisen pellon,
  sinne missä juostiin lujaa
    ja luotiin uraa.
Nyt jalka nousee kivun saattelemana,
  on niin pitkä matka vessaan,
  käden liike huulille,
    on toivotonta.
Missä on kaikki se voima,
  jota minuun ladattiin
    äidin kohdussa?
Kaikki mataa, aika, vatsa, puhe,
  mutta taaksepäin aika vilistää,
  nopeina kuvina, sekavina unina,
    tiedän
  se kaikki tapahtui.
Oliko se kaiken sen arvoista,
  mitä tuli tehtyä,
    tai jäi tekemättä?
Edessä on vielä pitkä jotos,
  mutta jälkeenpäin katsottuna
    niin lyhyt.

Pitää yrittää

Pitää yrittää, sanovat
 ja piti opetella kävelemään,
 puhumaan, lukemaan
     ja tekemään töitä.
Minä kävelin eteenpäin,
    mutta nyt tuntuu,
 että kävelen takaperin
 ja kohta opettelen kävelemään,
 syömään, nukkumaan,
     opetella olemaan,
 että jaksaisin seurata elämää
     ympärilläni.
He menevät niin lujaa laitteineen
    ja pelaavat pelejään,
 sulkeutuen toiseen todellisuuteen
 ja minä väistelen heitä,
    etten jäisi jalkoihin,
 vaikka tiedän epäonnistuvani,
 sillä he tulevat kävelemään ylitseni.
Ehkä näin on hyvä,
 koska en enää pysy perässä,
 en tiedä mitä he tekevät,
    mutta tiedän
 heidän tulevan perässä.

Miten pitkään

Miten pitkään on mentävä,
 päästäkseen alkuun,
 minne kaikki hävisivät,
        keitä he olivat,
 joiden kanssa vaelsin?
Nyt olen yksin,
 tällä tiellä ei ole loppua,
        eikä aikaa,
 se on tämän hetken iäisyys.
Joskus tutut kasvot kulkevat ohi
        näkökenttäni,
 välillä olen tuntevinani jonkun,
        yritän kysyä,
 mutta heidän puhe on puuroa,
        nimet vieraita.
Tuntuu, että olen sänky,
        enkä sängyssä,
 jota välillä pedataan,
 mutta minuun työnnetään ruokaa
 ja joskus tunnen etäisen kosketuksen,
        siitä tiedän,
        että olen.

Aurinko laskee

Aurinko laskee
            hyiseen yöhön,
  halla nostaa päätään
            harmauteen,
  johon herään,
  kuun valaistessa untani.
Uni ei tule,
  tulee vain houreet
            menneistä,
  joista uneksin.
Aika sulaa
  maitomaiseen kalvauteen,
            olen juopunut,
  juopunut vuosista,
  joita kannan harteillani,
  tavoittelen tasapainoa
            etten kaatuisi.
Kannan huolta ryhdistäni,
            jotta sanottaisiin,
  sillä oli hyvä ryhti,
  kun hän käveli vuorelle
            kuin soturi.

Hän oli yksin

Vaikka hän oli yksin,
  sydämessään palava tuli,
      tuli joka poltti
  tullakseen nähdyksi.
Se liekehti auringonlaskussa,
  vaikka hän oli jo palanut,
  niin hiillos hehkui
      sanoissa,
  joita hän kirjoitti
      sydänverellään.
Ne oli kirjoitettu jokaiseen
      uuteen päivään,
  jokaiseen sukupolveen,
  joille ne oli tarkoitettu.
Mitään ei tehty turhaan,
  koska ne olivat avaimia
  tulevan ymmärtämiseen,
  kun on aika palata
      etsimään itseään,
  sieltä mikä jäi taakse,
  tullakseen paremmaksi
      soturiksi.

Ajatukset pysähtyvät

Kun ajatukset pysähtyvät,
           katkeavat,
alkaa sanaton laukka
           kaaokseen.
Se on vihaa ja rakkautta,
   linnunradan ja andomedan
           kohtaaminen,
           tähtisade,
nousua maailman laelle,
syöksyä tuliseen järveen,
eikä järjellä ole mitään tekemistä
           sen kanssa,
josta joudumme luopumaan
           syntymästä saakka.
Niinpä liike on jatkuvaa
           ihmettelemistä,
   kaikkeuden pysähtymätön tila.

39

Kun uni ei tule

Kun uni ei tule,
  ajatukset menevät solmuun,
  sinkoilevat yöttömään yöhön,
  kahliten päivätajun samaan
    sekakeittoon.
Nähkää minut silloin syyntakeettomana,
    unensieppaajan uhrina,
    mutta ei arvottomana,
  sillä jo pelkkä oleminen on arvo sinänsä,
  tekemisemme arvottuu sillä,
  paljonko teemme hyvää
    tai hyväpahaa
  ja kuka sen määrittää.
Mittarina ei voi olla omaisuus
    tai lukeneisuus,
  vaan teot ja niiden seuraukset,
  mitä hyväpahamittari näyttää,
  voiko syyntakeettomuuteen vedota,
    jos on miinuksella,
    eikä uni tule.

Kun akku ei enää ota virtaa

Kun akku ei enää ota virtaa,
  sitä yrittää sinnitellä
        tahdon voimalla,
        ylittää itsensä,
  mutta tyhmyys käy uupumuksen edellä
  ja jäävät vain tutisevat jalat,
        tärisevät kädet,
  eikä ota eteen, eikä taakse.
Sinnikkyys palkitaan itsenäisyydellä,
        jos vain nuppi kestää
  ja muistaa olevaisuutensa
  ja löytää tiensä kotiin.
Mutta jos kaikki pettää
  ja elämä siirtyy toisten varaan,
  eivätkä he aina muista minua,
  mitä minä syön tai juon,
        löydänkö vessan,
  osaanko toimia oikein?
Sitä ajelehtii
  kuin joskus poikamiehenä,
  mutta enää ei vaimokaan pelasta,
        jää vain muistot.

Syntymäaikani

Ja kun he näkivät syntymäaikani,
 he testasivat minua,
 osaanko piirtää kellon
 kymmentä vaille kymmenen,
 miten saan tuntiviisarin näkyviin,
         kelpaanko,
 näenkö ja kuulenko mitään?
Minut lähetettiin vampyyrin luo,
 joka imi minusta verta,
 jota tutkittiin tarkkaan.
Yhteiskunta kelpoisuuteni tuli todistettua,
         saan vielä ajelehtia
 muiden ajopuiden mukana,
 vielä ei isketty tukkikeksiä niskaan,
 eikä nostettu piippuhyllylle
 odottamaan tuntematonta.
Tulee aika kun alan sammaltaa,
 ymmärtämättä omaa puhettani,
 huudan ja raivoan,
         ettekö te ymmärrä
 ja he katsovat poispäin.

Kylmä

Se hiipii joka soluuni,
        tappaa lämmön,
tunkeutuu selkärankaani,
        luun ytimeen,
vie tunnon sormista,
        puristaa sieluani
ja ahdistaa henkeäni.
Tärisen kuin horkassa,
        tahattomasti,
sulattelen keltaisia sormiani
        ja ajattelen,
        tältäkö tuntuu,
kun henki pakenee?
Miksi ei nyt,
        vai onko kyseessä harjoitus?
Nämä ovat hetkiä,
        jolloin olisin valmis
        astumaan tuleen,
        nauttimaan lämmöstä
        edes yhden kerran.

Se tuli syvältä

Se tuli syvältä,
  laskeutui ylleni, kipu,
  mustana varjona
  se peitti tajunnan,
            vajosin yöhön.
Hapuilin itseäni lattialta,
            yritin nousta,
            huimasi,
  hain tukea seinistä
            ja mielestäni,
  etsin pelastavaa pilleriä,
            apua ei tullut
  tuli vain epätietoisuus,
            missä olin?
En keksinyt nimeä tälle paikalle,
            itselleni,
  hain minulle synonyymiä,
            etsin sanakirjaa,
            kuka minä olin?
Tiesin olevani,
  vaikka kaikki oli sumussa,
            usvassa.

Kuolema tekee hyökkäyksiä

Kuolema tekee hyökkäyksiä,
  työntää jäitä jäseniin,
            on taisteltava
  tulella jäätä vastaan.
Pohjoisen miehen helvetti,
  hyinen kylmä avaruus,
            hyytävä,
  vailla lämmön ripettäkään.
Työnnän kalmokättäni tuleen,
  tunto on poissa,
            tuli ei polta,
  henki huutaa hätää
            ruumiin puolesta.
On kuoltava pala palalta
            tajutakseen,
  mitä on olla ihminen,
  luovuttava jäsen jäseneltä,
  kunnes kylmä saavuttaa torson
            ja aivot,
  silloin vaivumme uneen,
  taivumme lumeen
            valkoiseen.

Lasiainen

Näkökentän ulkolaidalla
  välkkyvät salamat,
  sukellus veteen,
  laavalampun liike nopeutettuna,
          harsomaisena,
  veden väreillessä
  varjot juoksevat ohi silmieni,
          kuin hahtuvaa,
  vesimittareiden nykivä meno,
          kuin perhosilla,
  mustina täplinä
  ja hiekoitettu taivas,
          paljon hiekkaa,
  sameaa vettä, täynnä levää,
  rosoinen pilviverho.
Se oli kuin unta jostain
  toisesta todellisuudesta,
          planeetalta,
  näkö temppuilee ja sopeutuu
          uuteen olotilaansa,
  näkemättä kaikkea,
  ikään kuin sitä ei olisi,
          vaikka on,
  mitä muuta liikkuu ympärillämme
          näkymättömänä,
  joka ei ole tullut meille olevaksi,
          on salaisuus.

Toivo

Toivo mieluummin hullun diagnoosia
        kuin mielisairaan,
sillä hulluttelu voittaa aina
synkän masennuksen.
Voit syödä hyönteisiä ja irvistää,
tai kirjoittaa runoja pöytälaatikkoon.
Jos synkkyys syö sisintäsi,
        tanssi siitä ulos
ja aja sitä kepillä takaa,
kukkulan tuolle puolelle,
        näkymättömiin
ja ellei sekään onnistu,
niin ryve pohjamutia myöten
ja sano, haista paska.
Kerran se vain kirpaisee,
        no joskus toisenkin,
mutta tämähän on vain elämää
ja sinähän sen päätät
        miten elät.
Astutko vääräsääristen joukkoon
        saunanlauteille,
vai kissapaimeneksi,
meneehän se aika niinkin,
        ole itse itsesi idoli,
niin kaikki menee hyvin.

Olen soturi

Taistelen vihanvihmoja
  ja kylmänkyhmyjä vastaan,
            teen kuolemaa.
Olen vanha hopeapaju,
  jonka oksat kuivuvat,
            rungon sinnitellessä,
  juurien imiessä elämännestettä,
  mutta systeemi pettää minut,
            se ei jaksa.
Nojaan runkoon,
  haluan käpristyä kerälle,
  haluan kuulla veren virtaavan
            suonissani,
  kuulen vain hiljaisuuden,
            tuulen huminan,
  lintujen laulun oksilla.
Suljen silmäni,
  vaeltelen menneisyydessä,
  lapsuuteni viljavainioilla,
  imen mullan tuoksua sieraimiini,
Olen valmis
  ojentamaan tassuni pensaan alle,
  liitämään ajattomuuteen,
  mutta torsoni panee vastaan,
  sydämeni sykähtelee laiskasti,
            hengitys huokailee,
  aurinko lämmittää poskeani,
            se jatkuu vielä.

Silmä sammuu

Kun silmä sammuu
  ja sydän tykyttää,
  keuhkot vielä viheltävät,
  on yhteys mieleen poikki,
  silloin näkee näkemättä,
            kuulee kuulematta,
  suu syö ja puhuu,
            puhuu ohi mielen.
Puista puhuu, metsän ystävistä,
  naavaparta kuusista,
            männyn keloista,
  luulee olevansa puu,
  elävänä kuollut kelo,
  jatkaa elämää elämättä.
Silmät katsovat elämän ohi,
  mieli vaeltaa siellä,
            minne emme näe,
  suu puhuu poisnukkuneille,
  vailla päämäärää jalat vievät
            olemaan jossain,
  odotus on päättynyt,
            on tultu rajalle,
  mieli kääntyy menneisyyteen,
  kaikki on valmista,
            astun valoon.

Viisarit

Ne pyörivät, pyörivät,
  jokainen kierros syö minua,
        nakertaa aivojani,
  miksi tulin tänne,
        lähteäkseni pois?
Ikäni olen ihmetellyt sitä,
  saamatta selvää vastausta,
  saan vain puhetta,
        turhia lupauksia,
  jotka eivät auta,
  kun ruumiini rapistuu.
Yritän tehdä parhaani,
  juoksen vedessä,
        halaan puita,
  mutta mikään ei pysäytä
        viisareita,
  ne pyörivät, pyörivät,
        kysymättä,
  mitä minä haluan.

Metsään

Haluan mennä metsään,
  mutta en pääse ylös,
  eikä kukaan auta, vie,
  en ole syönyt aikoihin.
Pakko nousta, hivuttaudun,
  minä putosin rotkoon,
  nyt ne valkotakkiset taas tulevat,
      vihaisina,
  antaisivat jäädä tämän puun juurelle,
  yritän ajaa ne pois, lyön ja puren,
  ne sitovat minut sänkyyn, piikittävät.
Olen taas nuori
  ja vaeltelen metsäpoluilla,
  on kaunis kesäinen päivä,
  aurinko paistaa kirkkaasti,
      hengitän syvään,
  mutta mikä on tuo tuoksu,
  eikä tuulen virettäkään,
  tässä on jotain väärää.

Hymy

Olen oppinut hymyilemään,
  vaikka kuinka sattuisi,
  sanovat, tänään se oli parempi,
  tosin en tiedä miksi hymyilen,
  useimmiten tuntuu,
      että irvistän,
  ehkä he eivät huomaa eroa,
  perunamaakasvoissani,
  kenties silmäni tuikkivat,
      salamoivat,
  se menee kuitenkin täydestä.
Joskus minut yllätetään,
  kun en ole varpaillani,
  he rypistävät otsanahkaansa,
      onko joku hätä,
  silloin loihdin sodan jälkeisen ajan
      lapsenhymyni esiin
  ja saan päänsilitystä,
  oikein hyvä pappa, oikein hyvä,
  tunnen itseni jokeltavaksi vauvaksi
  ja antaudun hoidettavaksi.

Vielä

Vielä minä karkaan täältä,
en kestä olla kaltaisteni joukossa,
näen heissä itseni,
vajavaisuuteni tähän aikaan,
tähän on tultu,
jäljellä on loputon luovuttaminen,
mutta elämästä on pidettävä kiinni,
vaikka henki menisi.
On päästävä erämaahan,
intiaanien poluille,
johon soturi sai kadota ajasta
ja jonka nimeä ei enää mainittu,
minusta tulisi esi-isä,
henkien kanssa tanssija.
Mutta eivät he anna,
pistelevät neuloillaan,
imevät verta,
syöttävät ja juottavat,
panevat letkuihin,
yhdistävät hengitys- ja sydänkoneisiin,
eivät anna olla, nukkua,
vielä minä karkaan täältä.

Pelko

Sanovat siellä olevan itku
 ja hammastenkiristys,
 siksikö meitä pidetään
            väkisin hengissä,
 että vielä muutama päivä,
 saataisiin tuntea maallista kipua,
 ennen kuin joudumme tuliseen järveen
            epäuskomme vuoksi.
Pelon voimalla sinnittelemme
            rotkon reunalla
 ja pelkäämme putoavamme kuiluun,
            ei ihan nyt,
 saisi edes minuutin lisäaikaa,
 koskaan ei ole hyvä aika nyt hetkeen,
 vaikka se tulee jokaiselle.
Mitä sitten?
Kukaan ei tiedä,
 vaikka luulevat tietävänsä,
            ei tarvitse tietää,
 riittää kun rakastaa,
            eikä ruoki pelkoa.

Luulin

Luulin, että se oli tässä,
  en muistanut nimeäsi,
  nyt kadotin oman nimeni,
  on vaikea saada otetta
      muistojen kaaoksesta,
  ne virtaavat aivomyrskyn jäljiltä,
  elämänjokeni pinnalla.
Nyt he puhuvat minusta
      muistisairaana,
  tahtovat kuivattaa kuluttamasta,
  olen rasite järjestelmälle,
      turha kuluerä, turhake,
  ei lääkettä, ruokintaa eikä tippaa.
Mitähän ne sillä tarkoittivat,
  pitäisikö minun kuolla
      ennen kuin kuolen?
Nyt on taas hiljaista,
      minun on nälkä,
      minun on jano,
      suuta kuivaa,
  pissattaa ja kakattaa,
  on niin kylmä, märkä
      ja likainen olo,
  eikä kukaan tule.

Puhetta

He puhuvat huoneessani.
Eikö tuo kuule?
Ei se on jo kasvi,
  sitä kuivataan.
Minuako, minä en halua,
  vaikka en enää puhukaan
  ja ajatukset vaahtoavat,
  tahdon silti mietiskellä,
          muistella
  unohtuneita asioita.
Eikö se ole tappo?
Totta kai se on, muttei rikos,
  kyseessä on yleinen tapa,
  joten se on hyväksyttävää.
Minä en voi hyväksyä tappoani,
  haluan tuntea vaikka kipua,
  että tiedän eläväni.
Minua häiritsee tuo tuossa sängyssä.
Ei se mitään tajua.
Mutta silti, mennään pois.
Oletpa sinä herkkä,
  no mennään sitten.
Tulkaa joku auttamaan minua,
  pelastakaa murhaajilta.

Vanhuksen syntymä

Se oli kuin laulua,
  kun hiljaisuus laskeutui pellon ylle
  ja puro kuiskaili.
Tuuli huokaili kuusiaidassa
  tuudittaen linnut uneen,
  yö laskeutui varjona maisemaan.
Täydenkuun kajo kutsui houkuttavana,
  vanhus vastasi kutsuun
          ja nukkui ikiuneen,
  hopealangan katketessa äänettömästi.
Saattajat sulkivat vanhuksen syliinsä
  ja veivät hänet valoon,
          henkiseen kotiin,
  josta olemme tulleet
          ja johon palaamme.
Valkoiset pilvet leijailivat kuun editse,
  tähdet tuikkivat tummalla taivaalla,
  aika seisahtui hiljaisuuteen.

Jäin ihmettelemään kaikkea

Me synnymme valosta valoon

Me synnymme valosta valoon
  ihmetellen kaikkea olevaisuudessa,
            tajuamatta,
  että olemme osa sitä.
Niin kuin tänne tulimme,
  myös täältä lähdemme
            uteliaina,
  mitä on rajan takana?
Kaikki kuoleman jälkeinen pelottelu
  johtuu siitä että olemme tämän
  aineellisen maailman lainalaisia,
  lain joka sallii kiduttamisen,
  pakottaa syömään toisia olevaisia
            säilyäkseen
  tässä katalassa maailmassa.
Valaistumisen jälkeen kahleet kirpoavat
  ja voimme tavoittaa täydellisyyden
            henkenä.

Sinä istuit tuoliin

Sinä istuit tuoliin,
          keinutuoliin,
silmäsi kertoivat tarinaa,
tarinaa jota elimme,
kun kukat kukkivat niityllä,
perhoset humaltuivat tanssiin
ja laulu soi sydämissä.
Katseesi kohdistui jonnekin
   katseemme ulkopuolelle,
   missä kalliot loistivat
   ja meri suuteli maata.
Kotka kutsui sinua maailmaansa,
   liitämään pilvien varjoihin,
          kanjoneihin,
   unen ja valveen rajalle
   tuntemaan ykseyden
   kaikkeuden kanssa.

Olen yhtä

Minä olen yhtä maan kanssa,
  koska kävelen sillä.
Minä olen yhtä veden kanssa,
  koska juon sitä.
Minä olen yhtä ilman kanssa,
  koska hengitän sitä.
Minä olen yhtä tulen kanssa,
  koska se palaa liekkinä sydämessäni.
Minä olen yhtä kaikkeuden kanssa,
  koska olen samasta tähtipölystä
        elollisen kanssa,
  samaa kudosta koko elonkehä.
Rakkaus pyörittää kosmosta,
  vain sillä on merkitystä,
  kaikki muu on harhaa,
        tuhoa.
Minä olen rakkaus,
        minä olen.

Palavat renkaat taivaalla

Palavat renkaat taivaalla
   kuun synnyttämät,
hopeanhohtoinen loiste.
Ne kasvoivat pilvilautan keskelle
   kuin unessa,
olematta unta valveilla,
sulautuivat yhteen,
muuttuen timanteiksi yhtyessään.
Minä katsoin tätä ihmetellen,
 yhden rinnalle tuli toinen
 ja ne kasvoivat yhdeksi,
   kadoten pilveen.
Koin tulleeni liitetyksi johonkin suureen,
   pyhään,
 joka velvoittaisi pyrkimään valoon,
   rakkauteen
kaikkea elollista kohtaan.

Palavat renkaat taivaalla 2

Se on siinä koko maailma
          silmien edessä
tumman siniharmaa taivas,
lännessä laskeva kuu,
vaaleanpunaiset palavat pilvet yllä,
idän taivaan hehkuva vihreys,
          nouseva aurinko,
kaikessa elämän hehku.
Elämän jonka läpi kuljemme
  hiljaisuudesta hiljaisuuteen,
          valosta valoon.
On valittava millä valtakirjalla kuljemme,
  olemmeko valon tuojia
          vai myrkynkylväjiä,
  rakkauden vai vihan lähettejä,
  maailman tuhoajia vai suojelijoita,
  maailman joka ottaa meidät vastaan,
          kaikki.

Näin outoa unta

Näin outoa unta,
  olin menossa lääkäriin.
Sanoin itselleni,
  minulla on keuhkosyöpä,
  näkemättä, kuulematta lääkäriä,
  minun oli vaikea hengittää.
Kuka puhui kauttani
  ja toi syövän oireet minuun
  näin voimakkaina?
Herätessäni olin ahdistunut
  ja sain ponnistella hengittäessäni.
Löysin rytmin ja maailma aukesi
  vaaleansiniseksi onneksi,
  jota ahmin kuin lapsi äidin rintaa.
Työnsin uneni unohduksiin,
  ikävien ajatusten kaatopaikalle,
      astuin ulos
  ja hengitin vapautta.

Kohdistettu kohtalo

Kevääni uinuu hangen hurmassa,
uuniin työnnetyt unelmat
pilvinä taivaalla.
Tuhkaan hukkunut maailma
unen maassa rakennetaan
kaikuja taivaasta.
Kuului kuovin huuto
kolmannesta ulottuvuudesta,
pois mädät perunat,
aivoissa hyytynyt home,
syväjäädytetty omatunto,
lumiukon katse.
Se ei ollut alku eikä loppu,
se on ikiliikkuja,
unensieppaaja, raadonsyöjä,
harkittua kuolemaa
rautanyrkin alla
kohdistettu kohtalo.

Olen osa avaruutta

Seison usein pellon laidalla
ja yritän tarttua siihen,
joka kulkee edelläni.
Tiedän se olevan olemassa,
tunnen sen sydämessäni,
mutta en löydä sanoja kertoakseni.
Silloin vaivun maailmankaikkeuden kuviin,
näen galaksien kudelman kosmoksessa
ja tiedän sen olevan täällä
kuten minäkin,
olen osa avaruutta.
Olen hahmottanut näkyvän aineen,
mutta henki kulkee omia aikojaan
ja sielu on rannaton meri.
Mitä enemmän luulemme tietävämme,
sitä vähemmän tiedämme
ja seuraamme harhaanjohtajia
tietämättömyydessämme.

Aina tulee pyrkiä totuuteen

Aina tulee pyrkiä totuuteen,
  sillä pienetkin valkoiset valheet,
  ovat roskia silmissä,
      joita salatessa
  ne lisääntyvät ja mustuvat
  sumentaen näkökenttää,
  hämärtäen toden ja valheen rajan.
Se on kuin syöpä, joka valtaa mielen,
  vaatien jatkuvaa valppautta,
  ettei tule puhuttua ristiin,
      paljastu,
  koko keho jännittyy
  tullen alttiiksi sairauksille.
Se on menetetyn mielenrauhan tila,
  henkinen tuska ja ahdistus.
Se on hämähäkin verkko,
  josta on vaikea irtautua,
  ansa johon ei kannata astua.

Mieli

Mieli meillä hakee parempaa,
            kullanhohtoa,
    auringonlämpöä,
            elättelee toivoa.
Se on kuin sielu,
            mutta ei ole,
    vaan sielun maallinen veli.
Mieli on ahnehtija,
            hamsteri,
    sielun ollessa minän vapauttaja,
    vapaaseen lentoon laskija,
    kahleiden katkoja,
            hengen haltija.
On suuri taito päästää irti
    mielen ja ruumiin kahleista,
    ennen kuin henki jättää
            ruumiin.

Yritän pitää

Yritän pitää koneeni kunnossa,
saapumatta koskaan perille,
poljen, poljen.
Vaihdan juoksuun,
toiset uivat ohitseni,
juoksen paikallani.
Nostan väännän rautaa,
teen työtä tekemättä mitään
ja maksan siitä.
Miksi en juokse niityillä,
polje syrjäisillä teillä,
kuuntele lintujen laulua?
Nyt rokki soi ja hiki haisee,
bakteerit siirtyvät ihmisestä toiseen.
Vielä on aikaa muuttua,
astua ulos aurinkoon
ja haistella raitista ilmaa.

Sanat

Sanat vaikenevat,
  itkevät ja nauravat,
  juoksevat paperille kilpaa,
  vihaavat ja rakastavat.
Ne liukuvat hiljaa järven pintaa
              kuin joutsenet,
  syöksyvät metsän syvyyksiin.
Ne antavat anteeksi,
              lohduttavat,
  repivät kappaleiksi,
  esittävät viisasta ja tyhmää.
Ne huutavat areenoilta,
              näyttämöiltä,
  kuiskaavat äänettömästi.
Ne pulisevat loputtomasti,
  hakevat huomiota
  tullakseen kuulluksi,
              sanat.

Me tiedämme liikaa

Me tiedämme liikaa,
  tajuamme mitä teemme
        ryhtymättä
vastustamaan pahuutta.
Menemme nukkumaan
  vaikka se on jo ovella,
        kolkuttaa,
  odotamme ihmettä tapahtuvaksi.
Ihmettä ei tule,
  rukoilemme Jumalaa,
        anomme,
  Jumala ei vuodata kyyneltäkään.
Itse olemme varustautuneet,
  muurimme rakentaneet,
        syöneet
  lastemme tulevaisuuden,
  juoneet maan veren,
  hautamme kaivaneet.

Aita

Me teimme silloin aitaa,
  sinua ei enää ole,
          aita on
          ja nyt.
Sitä ei voi hyväksyä,
  mutta ymmärtää voi
          todeksi,
  ymmärtämättä tapahtunutta,
  asioita vain tapahtuu
          ajassa.
Olemme tässä hetkessä
          nyt ja aina,
  aika ei muutu,
  kaikki muu muuttuu,
          mekin.
Aita on valmis,
          aika on,
  sinä olit nyt,
  minä olen nyt.

Soturi astuu polulle

Soturi astuu polulle,
        kuuntelee sydäntään
ja etsii Salomonin viisautta.
Viisautta joka ei tuomitse,
  eikä kuuntele sortajia,
  kuninkaita eikä virkamiehiä,
  vaan sisäistä ääntään
        noustessaan vuorelle.
Hän kutsuu mukaansa kaikki,
        myös sydämettömät,
  avaten heidän silmänsä näkemään
        kaiken katoavuuden.
Kun he tämän oppivat,
  he lakkaavat haluamasta lisää
  tavaraa, rahaa ja maata
  ja pystyvät jakamaan.
Mutta niin harvat vastaavat kutsuun,
  siksi elämme pimeydessä.

Valaistuminen

Tänä aamuna koin valaistumisen,
tunsin olevani osa kaikkeutta,
aistini olivat herkistyneet.
Hetken olin iätön
        vailla vaivojani.
Olin ulkona kukkiva ruusupuu,
taivaalla leijuva pilvi,
        lentävä lintu.
Tunsin tuoksun tuonpuoleisesta,
hetken olin nuori
        vanha mies.
Nousin ylös kuin kissa
        ketterästi,
lihakset valmiina toimimaan.
Koin ajattomuuden keveyden,
        rakkauden,
joka virtasi minusta minuun.

Sinä

Sinä olit uni menneisyydessä,
  nyt elämme tätä unta,
  kuin kaksi purjetta horisontissa
  keskellä aavaa ulappaa,
  simpukankuoret rannalla
  tuulen ja aaltojen vetäminä,
            mutta me elämme
  ja otamme vastaan myrskyt
            ja sateet,
  kestämme paahtavat päivät
            ja kylmät yöt
Mutta me rakastamme,
  kuin vain enkelit voivat rakastaa,
  olemme uskolliset toisillemme
            kuin joutsenet
  ja kun toinen nukkuu pois,
  niin toinen elää muistoineen
            omaan uneensa.

Ok

Hetken luulin kaiken olevan ok,
  mutta ei se ole,
        ei koskaan,
  sillä mielenmyllerrys
  pitää siitä huolen,
  nostaen kaikki aaveet pintaan,
  jotka vainoavat rauhaani.
Vaikka kaikki olisi hyvin,
  niin alitajunta nostaa käärmeet,
        pirut ja perkeleet,
  että ahdistuisimme.
Ja me lyömme toisiamme,
  vaikka tulisi puolustaa
        vaikeuksissamme.
Soturi taistelee uhkia vastaan,
  uhkia jotka syövät meitä,
        ihmisyyttämme
  ja kantaa huolta lähimmäisistään.
Hänen aseenaan on rakkaus
  ja pahuuden paljastaminen,
  että meillä rauha olisi.

Käänsin katseeni ylös

Käänsin katseeni ylös,
   luulin löytäväni vastauksen,
         näin pilvet,
   pirut ja enkelit leijailemassa,
   vastaukset pysyivät poissa.
Samaa hämäryyttä,
   kun en tiennyt kysymystä,
         mitä odotin,
   tietääkö kukaan koskaan mitään,
         sitäkään,
   miksi olemme täällä,
         mitä tekemässä?
Ajelehdimme kuin pilvet
   toistemme ohi, päin
         sulassa sovussa,
   vihassa, salamoiden tulessa,
         ukkosen jylinässä.
Vastausten tulva vyöryy ylitseni,
   tärkeimmät ovat piilossa,
   on jatkettava etsintää nöyränä,
   että heräisin valoon
         soturina.

Runoilija tänään

Mitä tekee runoilija tänään
tavaraähkyn keskellä,
     hän luettelee
esineiden ja asioiden nimiä,
ymmärtämättä puoliakaan,
sormi sanakirjan välissä.
On niin paljon sanottavaa
digiajasta ja peleistä,
älyhuonekaluista ja muista.
Runoilija huutaa apua
kaiken keskellä ja kysyy:
Missä on isimme maa,
jossa runous oli sanojen leikkiä,
kauneuden ja melankolian,
katkeransuloista väriloistoa?
Aika jolloin kirjoitettiin luonnosta
     ja rakkaudesta,
pienistä asioista suurin säkein.
Nyt kun kaikkea on paljon,
     he toistavat,
sitä samaa, sitä samaa, sitä samaa.

Olemme ihmisiä

Luulemme olevamme,
  ymmärtämättä mitä se on.
Tiedämme ruumiin kuolevan,
           kysyen,
  onko henki kuolematon?
Vaellamme aineen
  ja pimeän aineen aallokossa,
           hengen
  ja pimeän hengen ristitulessa,
  haemme tietoa kaikesta,
           löytämättä,
  sillä tieto on salattu meiltä
           vajavaisilta.
Kun se aikanaan avautuu,
  olemme valmiit sulautumaan
           kaikkeuteen,
  osaksi sitä mitä tavoittelemme.
Niin moni tulee yllättymään,
  herätessään todellisuuteen arvoista,
  joiden mukaan tulisi elää
  ja ne arvot ovat soturin arvot.

Itsetietoisuus hukkuu

Itsetietoisuus hukkuu
  tavarameren aaltoihin,
        netin kohinaan,
  luomme uutta tietoisuutta,
  päivittämällä olemustamme,
  päivittelemällä maailmaa,
  vaikka olemme osa sitä,
        osa orjuutta,
  johon olemme alistuneet.
Palvelemme koneita,
  jotka loimme auttajiksi,
        helpottajiksi,
  nyt ne vaativat meiltä huoltoa,
  päivittämistä ja hoivaamista.
Aikamme kuluu tähän työhön,
  niin että unohdamme itsemme
  ja haemme tukea toisilta uhreilta
        vakuutellen,
  miten erinomaisia laitteita
        olemme saaneet
  ja onnittelemme itseämme
        vapautuessamme
itsetietoisuudestamme.

Uni ei ota

Uni ei ota tullakseen,
vaikka olen aina unessa,
olen unissakävelijä,
tietämättä rajaa.
Elämä on kuin unennäköä,
kuin irtotukit virtaavassa joessa
törmäilemme toisiimme,
tunnistamatta kohdetta,
siksi ajaudumme tilanteisiin,
joita emme hallitse,
sulkeudumme yksinäisyyteen.
Olen herännyt unesta uneen
tajuamatta rajaa,
kymmeniä tuhansia toistoja
rahtaan tavaraa edestakaisin,
syön ja käyn vessassa,
haravoin ja karsin,
käyn uimassa ja jumpassa,
mutta miksi?
En tiedä, mutta näin se pyörii
ja ajelehtiminen jatkuu,
aina lopulliseen pysähdykseen asti.

Kävelin harhoissa

Minä kävelin harhoissa,
    tutkin tuttujen
tuntemattomia kasvoja,
määränpää pakeni minua,
se hämärtyi mielessäni,
en tiennyt missä olin.
Olin oudoilla poluilla,
jossain häämötti valo,
kun kaikki jää jälkeen
    tulen valoon,
joka pesee minut puhtaaksi.
Sinne missä rosvot piiskaavat
itseään katumuksen ruoskalla,
missä minuuteni syntyy uudelleen
    tietoisuuteen,
jonka olin hukannut täällä
    harhojen maassa.
Sillä olemisemme aineessa
on kvarkkien törmäilyä,
kunnes ravistamme itsemme
    puhtaaksi
aineen kahleista.

Kenen harteille

Kenen harteille laskisin taakkani,
kuin itseni,
itse on kuljettava erämaan halki,
jossa gurut tarjoavat oppejaan,
on noustava heidän tasolleen,
otettava vastuu,
että kasvaisimme sotureina,
taisteltava omia demoneja vastaan,
annettava ja otettava tilaa.
Olemme antaneet vallan heille,
jotka ovat sokeita
ja sulkevat silmänsä piruiltaan,
käyden taistoon toisiaan vastaan,
olemme vaarassa,
heidän ymmärtämättömyytensä vuoksi,
He ovat lapsia,
jotka ovat astuneet aikuisten saappaisiin
ja keskittävät joukkojaan rajoille,
kärsimättömyyttään,
joku aloittaa sodan
ja me maksamme hinnan.

Huudan puoleesi rakas

Huudan puoleesi rakas,
  mutta varjot laskeutuvat,
  seitit sitovat meidät ulos,
        sisäänsä,
  ääneni hukkuu tuskaan
  jota maailma hengittää,
  vapaus kahlitsee,
        se on lumetta,
  oikea lääke on elämä.
Meidät on johdettu harhaan,
  koulutettu komentoon,
  uskomaan aineen voimaan.
Nyt kuljemme tsombeina,
  syöttäen kuningasta,
        joka vie meidät
  viimeiselle rannalle,
        näyttäen,
  mitä olisimme saaneet,
  jos olisimme uskaltaneet elää.
Sienipilven uhka häilyy yllämme,
        toistamme itseämme,
  luullen sitä vapaudeksi.

He vievät kaiken

He vievät kaiken,
  mutta eivät huomaa,
  että ne tulevat perässä,
  joita imivät kuin iilimadot.
Ruuan ja toivon perässä on juostava,
  kaikki aidat ja meret ylitettävä,
          vaikka henki menisi,
  sillä parempi on tavoitella,
          kuin syödä hiekkaa
ja juoda kuivuutta erämaassa,
  karjan hautausmaalla.
Siellä missä kaipaamamme aurinko
  muuttuu kärventäväksi tuleksi,
          tuhkan tuottajaksi,
  sieltä on viety toivo,
  vesi, kukat, ruoho ja puut,
  sitä eläimet kaihtavat,
  se on helvetin esikartano
          tässä maailmassa.
Ei kenenkään pitäisi asua siellä,
  missä pilvetkin katoavat
          tyhjyyteen.

Kukin vuorollaan

Kukin vuorollaan haluaa olla suuri,
minä ensimmäinen, ensin,
        näyttäen pienuutensa,
sillä suuruus ei ole numeroissa,
se on pienuudessa,
        tilan antamisessa.
Se on paradoksaalista
        tulla näkyväksi,
näkymättömyyden kautta,
olevaksi olemattomuudesta.
Tämä aika syö tulevaisuutta,
tämä aika syö kauneutta,
elämme öykkärien aikaa,
jossa öykkärit kasvattavat
        öykkäreitä,
        huutajat huutajia,
pilkantekijät pilkantekijöitä,
suursyömärit suursyömäreitä,
        kunnes raja ylitetään
ja kaikki on aloitettava
        alusta.

Saippuakupla

Saippuakupla puhetta eetterissä,
varjottomat sanat kuvaruudulla,
hiljaisuus hälyn keskellä,
        sanat kytevät,
odottavat leimahtamistaan.
Sulkeutuneiden huulien lomasta
pulppuaa uusia kuplia,
        perkele,
"mä en tota niele".
Sormet tanssivat hermostuneesti,
syytäen tulisia laukauksia,
        enter.
Kävelen kadulla,
        niin hiljaista,
aistin hiljaista raivoa
valoa vilkkuvista ikkunoista,
olen huolissani tulevaisuudesta,
mihin kaikki päättyy?

Lammaskin

Lammaskin on parempi
          kuin ihminen,
ne eivät tapa toisiaan,
eikä vedä rajoja maahan,
mistä kukin saa syödä,
eikä piilottele heiniä
          heinäpankkiin,
ne syövät ruohoa
          kylki kyljessä
ja välillä määkivät.
Ihminen on ahne pirulainen,
  joka tappaa ja kiduttaa
          lajikumppaneitaan,
  puhuu pahaa ja pettää,
  tekee lakeja, sääntöjä ja rajoja
  estäen vapauden tunteen,
  joka on vapauksista suurin.
Ahneuksissaan ihminen
          keritsee lampaan,
  tappaa, grillaa ja syö sen,
  lammas ei koskaan,
          pääää.

Nuoret uhrit

Haaksirikon jälkeen lautalla
vedetään pitkää tikkua,
            kenet syödään,
vanhat ja johtajat mestaroivat,
nuoret ja työläiset eivät koskaan,
            heitä lyödään,
            heidät syödään.
Arvonta koskee vain naisia,
            lapsia ja nuoria,
aavikko ei armahda,
on valittava puolensa oikein,
tai valmistauduttava uhriksi,
pelkkä olemassaolo ei riitä.
Tuomarit ja pyövelit
siirtävät vastuun Jumalalle,
            vastuuttomat,
elävät kuin pellossa,
            juovat verta
ja syövät karitsan lihaa,
mutta heillekin alitajunnassa
            kuiskaa kuolema.

Vanhojen oikeus

Myös vanhoilla on oikeus unelmiin
onnesta ja hyvistä hetkistä,
sillä elämä on tarkoitettu elettäväksi
viimeiseen hengenvetoon.
On erittäin paheksuttavaa, kunniatonta
riistää heiltä nämä hetket,
turruttaa lääkehuuruihin,
huoneen ja sängyn vangiksi,
sillä mitä me teemme heille,
sen me teemme itsellemme.

Itse en koskaan tiennyt
       mitä minusta tulisi,
minusta tuli ajelehtija,
       jonka kohtalo pysäytti
mutta se oli sattumaa
ja vasta vanhana
       löysin unelmani.
Minusta olisi rikos minuuttani,
       ihmisyyttäni kohtaan,
estää minua kirjoittamasta,
       julkaisemasta,
       ikääni vedoten.

Me nukumme aina

Me nukumme aina,
  vaikka luulemme olevamme valveilla,
  ellemme opi elämään,
      olemaan,
  perhosina tuulessa,
      puina metsissä.
Kaikki mihin sidomme itsemme
      syö minuutta
  ja tekee meistä lauman,
  huutavan mantrojen toistajan,
      fanittajan.
Tähän uneen me hukumme,
  nukumme ohi elämän,
  elämän jonka tajuamme vain hereillä,
  jos annamme tajunnalle tilaa
      kokea sen,
  olemalla valmiina.

Minun oli mentävä erämaahan

Minun oli mentävä erämaahan
päästäkseni pois erämaasta,
juotava kipua,
ulostaakseni sen pois,
syötävä tuskaa
löytääkseni rauhan,
hajottava kaikkiin ilmansuuntiin
eheytyäkseni.
Ilman elämän koettelemuksia
en ole mitään muuta
kuin pelkkä kiiltokuva,
mallinukke näyteikkunassa,
harha
varjojen maassa
jossa eletään,
tietämättä mitä se on
kaikkine herkkuineen,
piikkeineen.

Olla osa olevaista

Olla osa olevaista,
                    olla,
  ei tarkoita omistaa.
Me emme omista,
  vaikka luulemme niin,
  voimme elää symbioosissa
  elävien ja kuolleiden kanssa,
  tavaroiden ja maan kanssa,
  mutta emme omistaa.
Kaikki olevainen on olemassa
                    omana itsenään,
  jos me muuta luulemme,
  olemme harhan vallassa,
  eksyneet totuudesta.
Alasti olemme tulleet
  ja maaksi meidän täytyy tulla,
  susilauman käydessä
  harhojemme kimppuun.

Muistot ovat

Muistot ovat lauma karkaavia hevosia,
        etääntyvä tuuli,
yön hiipivä varjo tajunnassa.
Joskus ne paisuvat mielessä,
    luoden sudenkuoppia
            suhteisiin
    tai hiipuvat kuin hiillos
            unohduksiin.
Ja niitä me kannamme mukanamme,
    kunnes olemme täyttyneet
    kuin painekyllästetty puu,
            emme jaksa enää,
    muutumme aaveiksi,
    saamme teflonpinnoitteen
            jaksaaksemme.
Olemme koskemattomia,
    kunnes teflon pettää
    ja mielemme täyttää tyhjyys.

Sydänvereni värjäämät pilvet

Sydänvereni värjäämät pilvet
   vajoavat yöhön ja usvaan,
            vajoavat,
   olen ajatusteni vanki,
   tähtien maalitaulu,
   huudan vuoret apuun.
Ei aika ei paikka armahda,
   on otettava vastaan kaikki,
            tultava uudelleen,
   vaikka kuinka tahtoisin pysähtyä,
   luotava nahka tähän elämään,
            tästä elämästä.
Kerran vielä sato valmistuu,
            tähkät kypsyvät,
   on puinnin aika
            ja saan levon.

Minä olin linnunrata

Minä olin linnunrata
  mustassa avaruudessa.
Olin osa tähtien tanssia,
        ilotulitusta,
  kaikki se kirkkaus
        minussa.
Kurkien kokous viljavainioilla,
      on mentävä,
      yöt tummuvat,
  linnunrata kirkastuu,
  kutsuu lähtemään.
Torvet soiden ne muodostavat auran,
  ne tietävät mitä tehdä,
      tiedänkö minä?
Olen kadottanut suunnan
  ja ajelehdin avaruudessa,
  toivoen tulevani osaksi
      valoa.

Taivas on minun valkokankaani

Taivas on minun valkokankaani,
       siinä on kaikki,
minun valoni ja voimani,
yön kirkas tähdenlento,
pilvisen taivaan enkeli,
       keijuni, kukkani.
Henget kuiskailevat varjoissa,
       valoissa,
ne eivät valehtele, selittele,
niin kuin mekään emme saisi,
emme edes valkoisia valheita,
       ei ole aikaa,
aikaa meillä on aina,
kyse on valinnoista.
Haluan toimia omista lähtökohdista
alitajuntani ohjaamana,
       niin kuin hyvä on.

Olenko oppinut mitään

Olenko oppinut mitään,
  vaikka silmäni avattiin kerralla,
  työnnettiin ismien kitaan
  fyysisesti ja henkisesti,
  revittiin sielukin sisältä
      ja tahto?
Ymmärtääkseni se oli koettava,
      tietääkseni,
  tunteakseni mitä se on,
  olla sisällä itkua,
      uida kyynelissä.
En ole voinut pysähtyä,
  on mentävä eteenpäin,
      etsittävä,
  sillä vastausta ei ole,
  vaikka he niin luulevat
      ja nukahtavat.

Väliinputoaja

Menin kouluun
  ja putosin luokkien väliin,
        työväenluokkaan,
  löytämättä luokkatietoisuutta,
        politiikkaa.
Uskonnot ja maailmankatsomukset
        kalastelivat,
  heittelivät verkkojaan,
  putosin verkonsilmien läpi,
  en tarttunut koukkuun.
Olen vapaassa pudotuksessa,
  etsin sitä jotakin
  joka ei kalasta,
  heitä viehettä johon tarttua.
Tiedän sen olevan salattua,
  odotan pöllön kutsuvan
  avaamaan silmäni
        näkemään.

Isänpäivä

Minäkin olen isä
  eläville ja kuolleille,
  kuolleen isäni poika,
  joka illalla tuijotin taivaalle
      ja puhuin heille.
Ja taivas vastasi yön hehkulla,
  tumman sininen repäisi verhoa
      valkoisiin pilviin,
  paljastaen tuikkivat tähdet.
      ja kuun
Pilvet uivat kuin aallot merellä.
Hopeapajun mustat oksat
  seisoivat liikkumattomina
      taivasta vasten.
Maa tuoksui voimakkaana,
  tunsin rajan läheisyyden,
  henkien kutsun yössä.

Rukoilin

Minä rukoilin,
      Jumala ei kuunnellut.
Minä kirjoitin kirjeen,
      Jumala ei avannut sitä.
Minä itkin,
      Jumala ei katsonut puoleeni.
Missä on minun Jumalani?
Onko itse annettava itselle anteeksi,
      itse itsensä siunattava,
         oltava Jumalani
      ja varjeltava itseäni
         kaikelta pahalta?
Minunko on kannettava maailmaa
         harteillani,
      minun joka olen vähäisistä
         vähäisin?

Olla olematta

Sanat ovat avaruuden taustakohinaa,
ahmimme niitä kuin kakkua,
ihastelemme tuhansia vuosia
toistettuja sanoja,
etsien kätkettyä totuutta,
sitä ei ole.
Etsintä jatkuu ihmisen iän,
hulluus kasvaa,
työntäen meitä vitsien kaatopaikalle,
pakottaen kouristuksenomaisiin
esityksiin,
että olisimme olevaisia,
ymmärtämättä olemattomuuden
hyvettä,
olla olematta.

Sormi liipaisimella

Silloin kun sormi on liipaisimella,
herkkyys saavuttaa universaaliset
mittasuhteet,
itku ja nauru tanssivat
hallitsemattomina,
silloin ymmärrämme,
mikä on tärkeää,
mikä turhuutta.
Mitä silloin valitsemme
jos aikaa mitataan sekunneissa,
mihin puskaan päämme työnnämme?

Mitään ei ole korjattavissa,
korvattavissa,
on vain astuttava pumpuliin,
otettava vastaan
tuntemattomuus.

Aivovamma

Miten voidaan sanoa
    että kuusikymmentä
    aivovammaa vuodessa
    on siedettävä määrä,
    joka voidaan hyväksyä.
Minä sanon teille
    että yksikin on liikaa
        yksilötasolla,
    ensimmäiselle iskulle ei ole loppua.
Ja se jatkuu niin kauan,
    kun kansa huutaa colosseumilla,
        vaatii verta.
Kuka muistaa eilispäivän sankaria,
        aivovammaista,
    kuollutta gladiaattoria?
Kuka on seuraava ihmisuhri
        alttarilla?

Elämänvoima

Elämänvoiman huvetessa,
               halun,
      sekunnit ryömivät.
Miten kuluttaa kaksikymmentä
              vuotta,
      ajan madellessa takaperin,
      mielen kiertäessä kehää
      muistojen poluilla?
Tulevaisuuden näkyjen sulaessa
      kuin keväinen lumi,
      paljastaen mustan maan.
Näkemättä sen alla uutta ruohoa,
             kukkasia,
      muuttolintuja taivaalla,
      päivän varastaessa aikaa yöltä.
Vieläkö on toivoa sielun heräämiseen,
      uuteen kevääseen,
             kesään?

Juuri nyt

Juuri nyt vailla kipua,
            juuri nyt
    kätesi ovat enkelin siivet,
    mielesi unettomassa unessa.
Herää rakkaani pehmeään päivään,
            valoon,
    auringon kirkkauteen,
    taita talvelta siivet,
            kivulta ote.
Lähde uusin jäsenin, mielin
            polulle,
    jossa löydät rauhan,
            rakkauden
    ja saisit vielä kokea ajan
            vailla kipua.

Näin se käy

Kahden päivän palkka
            viikon työstä,
ei laula enää satakieli.
Päivän työstä vuoden palkka,
     miljoona, miljoona ruusua,
        näin se käy.
Ja lapset syövät tätä samaa kakkua,
        mitä tarjotaan
ja ruusut kasvavat,
       kuolevat.
Teot ovat aina samat, yhtä hyvät
       tai pahat,
sanat syövät totuutta.
Ja vaikka minä itkisin,
     en voisi syöttää kivisydänten
          omaatuntoa,
    miten voi syöttää sellaista,
        jota ei ole.
Näin kaikki jatkuu kärjistyen,
       paheten,
kunnes totuus pakottaa toimimaan,
     kuten aina.

Usvaa aivoissa

Ja minä voin puhua vaikka maailman
luomisesta,
tai linnunpöntön rakentamisesta
ja säiden vaikutuksesta siihen
mitä me olemme.
Ja me luulemme tuntevamme sen
teoriassa,
mutta pönttö meillä on aina käsissämme
tässä ja nyt
ja me tiedämme sen tarkoituksen,
mutta luominen on usvaa aivoissamme.
Ja kaikki tuovat itseään tykö osaamisellaan,
hyppääjä, juoksija, hiihtäjä
ja sanataiteilija,
kuten mekin vimmassamme
ja kurotamme tähtiin,
nähden vain itsemme,
kuten muutkin.
Onneksi emme tiedosta sitä,
miten yhdentekevää kaikki on,
sillä se veisi pohjan
kuvitellulta tarkoitukselta.

Turhuus

Hyvä on harhan maassa raahata
                    kultasäkkiä
ja varjella sitä varkailta,
kuvitelluilta ja todellisilta,
onpahan jotakin tekemistä,
ei ehdi ikävystymään,
köyttä rasvaamaan.
Soivat ne ehtookellot muutenkin,
          parempi on katsoa,
                    kuin katua,
mihin asti pääsee kunnes,
                    gongi pong,
koska sen jälkeen ovat näköalat
                    suppeat,
suorastaan olemattomat laulamiseen
tai heinäseipäiden veistämiseen.
Vedetään vaan hirsiä pitkin mäkiä,
                    vieritellään kiviä
ja liotellaan varpaita.
Parempi on jynssätä lattioita,
          kuin huolehtia huomisesta,
huominen pitää huolen itsestään.

Kestävä kehitys

Kestävän kehityksen ylämäki juopottelu
               unohdukseen,
jotta jaksaisi elää,
             juoda pidempään,
syödä nautoja, possuja
          ja karitsoja,
uhriverensä luovuttaneita ystäviämme,
vino tinto kastikkeessa,
juopua Kristuksen verestä.
Ladella kuviteltujen viisaiden totuuksia,
hurskastella liituraitapuvussa,
            nuppi sumussa,
ymmärtämättä mitä on viisaus,
sillä heti kun alamme viisastella,
astumme tyhmyyden tielle,
jossa kadotamme minuutemme,
missä altistumme vaaraan
            hävitä
rikkonaisen mielen maailmaan.
Maailmaan jota ei korjaa edes
kahdesti kirkastettu
            korven kyynel.

Hipaise poskeani

Rakasta minua silloinkin
    kun mieleni järkkyy,
        muistini hiipuu
    ja olen poissa,
        läsnä.
Kosketa minua siten
    kuin nuoruuteni päivinä,
    hipaise poskeani huulillasi,
        silitä päätäni,
    laske kätesi sydämelleni.
Katso ohi rapistuvan kuoreni
    ja näet minut kuin ennen
        ja tiedä,
    se oli, se on
        ja tulee olemaan.

Unetonta unta

Olla olemassa minä,
    se on tässä kaikki,
        ei muuta,
    ei tätä kaikkea ympärillä
        johon vajoan.
Minuus olevaisen keskipiste,
    minuuden loppu,
        kaiken loppu.
Kun hajoan kulissit katoavat,
    olen, olin, tyhjyys,
        pimeää,
    unetonta unta,
    täydellistä lepoa,
        rauhaa.
Mutta mikä on tuo valo
        horisontissa?

Luomisen tuskaa

Sitä kohti suunnistan,
     kuulen sydämen sykkeen,
          etäistä laulua,
olen alkumeressä.
Täydellinen pimeys ympärilläni
     tutustun olevaiseen
     äänten ja makujen kautta
          humallun,
kehoni kouristelee.
Mutta mikä on tuo valo,
     jota kohti minua työnnetään,
          häly voimistuu,
tunnen kipua, puristun?
Minä huudan luomisen tuskaa,
     näen hymyilevät silmät,
          rauhoitun.

Me olemme unimaailmassa

Nuoret yhtyvät,
    munasolu hedelmöittyy,
    henki valitsee vanhemmat,
    vanhemmat valitsevat abortin.
He sanovat, ei se ole vielä tietoinen,
    mutta se voi olla tietoisempi
    kuin kukaan meistä,
        henki,
    näkee kaiken kristallin kirkkaasti.
Me olemme unimaailmassa,
        unessa,
    vaikka luulemme olevamme
        valveilla.
Onko se oikein vai väärin,
    kuka voi sanoa mikä on?
Asioita vaan tapahtuu.

Liuskekaasu

Ja kaikki visiot kaatuivat
    liuskekaasun voimin,
        toimin,
    joilla poraavat tulevaisuutta
        kuin hammasta,
    iskien maapallon hermoon,
    missä Gaian vedet ja veret
        yhtyvät.
Mutta kukaan ei tiedä
    miten Gaia reagoi kipuun,
    ihon ollessa vereslihalla,
    porien iskiessä luuytimeen,
    elonkehän yskiessä.
Kaikki tulevat tuntemaan seuraukset
        aikanaan.

Lainlaatijat

Laativat lakeja toisille,
    itse niistä välittämättä
    ja näin oli hyvä.
Astuivat Jumalan kenkiin
    kestääkseen työnsä,
    sillä Jumala ei tee virheitä.
Tuomitsivat moraalinsa mukaan
    tuomiolla,
    johon eivät itse alistuneet,
    nukkuivat yönsä hyvin,
    huonosti
    viskin turruttamin aivoin,
    tulivat toimeen vaivoin
    itsensä kanssa.

Rakkauden ydinvoimala

Rakkaus on sisäämme rakennettu
                ydinvoimala
        ja kaikki riippuu meistä
        pidämmekö sen käynnissä,
        vai annammeko sen jäähtyä.
Sammuneet reaktorit lisäävät nälkää,
                rakkauden nälkää,
        säteilevät sielut, sydämet
                kaipaavat tulta.
Tulta joka polttaa tyydyttymättömyytemme
                tuhkaksi,
        pölyksi joka laskeutuu yllemme.
Raukeudeksi joka suo lyhyen hetken,
        hetken tuntea täydellistä onnea,
                olemisen iloa
                ajassa.

Kukkia haudalleni

Vein kukkia haudalleni,
        sinulle,
    sieltä me nousemme
        enkelin siivin
  etsimään uutta kotia.
Ei paina askel,
    kun lähdemme Pyreneiltä
        Santiagoon,
    kuin ajatus olemme perillä,
    vaikka olemme matkalla
        nytkin.
Unikon punainen kyynel suli rakkaudeksi
    viinirypälepellon pientareella
    ja ne kutsuivat meitä matkaan
        itseemme,
    oppiaksemme tuntemaan elävämme
        silloinkin,
    kun kukat ovat kuivuneet
        haudallamme.

Ajanmittaajia ajattomuudessa

Olemme häivähdyksiä eetterissä
        ajanmittaajia ajattomuudessa,
                tuulenvarjoja,
        eikä meille ole muuta annettu
        kuin tämä hiipuva elämä.
Ja me paisumme maailmanomistajiksi
                sokeat,
        kuvittelemme kaiken jatkuvan
                ikuisesti,
        syömme toisiamme.
Linnut lentävät puiden taakse piiloon
                pelkojamme,
        jotka ajavat ne sukupuuttoon.
Levottomuus piiskaa meitä lentoon,
                tietämättä miksi,
        kunnes lento katkeaa.